I0423584

Los Pensamientos
de las
Políticas Controversiales

Earl Ofari Hutchinson

Middle Passage Press

Los Pensamientos de las Políticas Controversiales

Copyright © 2014 by Earl Ofari Hutchinson

Cover Design by Nikki Leigh

Hutchinson, Earl Ofari.

Los pensamientos de las políticas controversiales/

Earl Ofari Hutchinson.

pages cm

Includes index.

ISBN 9781628906462

1. United States--Politics and government--2009-

2. United States--Social conditions--1945- 3. United

States--History--1945- I. Title.

E907.H883 2014   973.932

QBI14-58

Comentario en Los Pensamientos de las Políticas Controversiales

En la ciudad California de Los Angeles, cuando los derechos de una persona de color aparentemente han sido violados, se puede escuchar a Earl Hutchinson dando su opinión en las noticias a las seis de la tarde. El Dr. Hutchinson es bien conocido como el campeón de los Derechos Humanos, habla cuando es necesario y apoya las discusiones en sus programas de la radio. Él no se sale de su lucha. Aunque todavía son locales las peleas en las que él está normalmente involucrado sus perspectivas se extienden a todos los rincones del globo. Su amplio interés y sabia opinión está claramente visible en esta colección de artículos de su libro <u>Los Pensamientos de las Políticas Controversiales</u>. Ésto también lo podemos ver en sus ensayos como: en la inspirada esperanza por el nuevo Papa Francisco, las debilidades de una política fracasada de los Estados Unidos contra Cuba y su evaluación del lugar de Nelson Mandela en la historia.

Para nosotros que conocemos a Hutchinson en persona, entendemos bien que él no es un pensador que se considera el sabio; ya que siempre es justo y tiene la bondad de aprender y escuchar la oposición. Si usted es un creyente de los profundos derechos de los seres humanos, se puede identificar con las ideas y pensamientos que Earl nos obsequia en sus ensayos.

Josefina O. Culton
Professor of Spanish
West Los Angeles College

Table of Contents

Introduction

Los Pensamientos de las Políticas Controversiales (thoughts on controversial political issues) is a wide ranging, hard hitting book in Spanish that tackles the hot button political issues that have torn the nation. The topics include abortion, relations with Cuba, the GOP and President Obama, the health care battles, the myths about Nelson Mandela, the turmoil in the Catholic Church, and the fight over Gay Marriage.

The book is groundbreaking in one more sense. It is the first work by an African-American writer on controversial political and social issues written and published purely in Spanish.

The author wanted this book to be a bridge between Spanish speaking readers concerned about the compelling political issues in the United States and beyond and English language American authors.

The book sends many messages about language and politics. But most importantly my aim is to enrich the social and political literary life of the nation through the adept use of Spanish by an American writer.

He escrito diez libros en inglés de temas diversos. Todos han sido escritos en inglés. Principalmente, han sido acerca de temas políticos, sociales, y especialmente sobre racismo. Hace cuarenta años que quise un libro traducido del inglés al español. El título del libro fue El Mito Del Capitalismo Negro. Fue una traducción de la casa de Nueva York. De vez en cuando he escrito artículos en español para el periódico La Opinión. Pero nunca he publicado un libro solamente en español. Este libro LosPensamientos de las Políticas Controversiales, es mi primero en español. Creo que es el primer libro escrito en este idioma por un escritor negro americano. Es un libro que describe los temas políticos de la actualidad.

Entre los temas se incluye el conflicto entre los republicanos y el Presidente Obama, el aborto, los cambios del Vaticano y los Católicos, la batalla sobre el tipo de gobierno, la lucha para controlar las armas automáticas,la controversia sobre el plan de salud, el asesinato de JFK y los derechos civiles, los pensamientos sobre el matrimonio del mismo sexo, la importancia de Nelson Mandela, las relaciones entre los Estados Unidos y Cuba, y los puntos de vista sobre apoyo en caso de desastres.

Pero he hablado y he escrito en español más o menos por quince años. Pero lo más importante es que he estudiado el idioma por este periodo. Quería hacer algo que nadie hubiera hecho. Publicar estos temas en español ha sido un reto. Será una manera de puente en el golfo entre los hablantes hispanos y los negros de los Estados Unidos.

En este caso, es la primera vez para este tipo de libro. Además, deseo que esto marque una diferencia, no solamente por ser la primera vez para un libro de este tipo, sino porque el escritor es un negro americano.

No deseo que, Los Pensamientos de las Políticas Controversiales sea leído y discutido solamente entre los hispanos a los que les gustan las ideas políticas. Al final, quiero que el libro represente una inspiración para que otros negros escriban, lean y discutan los temas controversiales con un amplio número de personas de varias identidades en los Estados Unidos y en otros paises. Creo que es una gran manera de enriquecer la cultura de este país.

Finalmente, tengo que dar gracias a estas personas y instituciones. La Academia Hispano Americano in San Miguel de Allende, Mexico, Beverly Hills Language Institute, la facultad de Los Angeles City College y West Los Angeles College. Tengo que dar tributa especial a profesora Josefina O. Culton para su paciencia y sumamente professionalism. Todos hacen posible a leer, escribir, hablar, y entender el idioma espanol. Todos me dan inspiracion, estimulo y mas importante amistad.

Es un placer presentarles Los *Pensamientos de las Políticas* Controversiales.

3

Un desastre es una oportunidad para que los Estados Unidos sea un ejemplo para el mundo6

The devastating tornado that hit Oklahoma City in June, 2013 is the take-off for a look at the eternal battle in the United States between liberals and conservatives over the role of government- Big government versus smaller government and which is best for the American people. In this essay, I take the disaster as my starting point to assess the attacks by conservatives on government.

Hubo un gran desastre en el estado de Oklahoma, zona central de los Estados Unidos, el 1º de Junio del 2013. El Presidente Obama visitó la escena del desastre para ayudar y apoyar a las víctimas. Habló mucho sobre el apoyo para la gente. Había mucho que hacer por los damnificados. Siento que fue muy importante no sólo el darle dinero a las víctimas, sino también el mostrarles que el gobierno tenía intensiones de reconstruir sus casas y sus negocios. Es necesario que en tiempos de desastre, el gobierno de este país demuestre compasión por la gente. Es una parte del mandato del gobierno.

Pero en situaciones similares en este estado refiriéndome al huracán Katrina, hace nueve años, el problema fue que los republicanos no quisieron proveer ayuda suficente para cubrir las necesidades de las víctimas. Habían dos problemas: Primero fue la cuestión de los fondos del gobierno. Esta es una buena oportunidad para llevar a cabo un debate sobre, si el gobierno federal es solamente responsable por la ayuda de las víctimas de desastres o no. Nadie dijo que no apoyen a las víctimas, pero una gran parte de la ayuda necesitaba venir del sector privado. A veces este sector provee la ayuda disponible a las víctimas. Ésto es bueno. Pero los fondos, los alimentos y la ropa del sector no es suficiente para proveer todas las necesidades de las víctimas.

Es muy importante, en esas situaciones la ayuda del Gobierno Federal. Es preciso recordar que el gobierno es una entidad que cuenta con los fundos y otras formas de ayuda para reconstruir las casas, los negocios, y todas las comunidades. Hay otro situación, a veces la ayuda es una causa de conflicto entre la Administración, los republicanos y los conservadores.

La cuestión es especificar cual es el papel del gobierno en condiciones de desastre. Por la historia, los conservadores dicen el gobierno es mejor cuando es pequeno. Los liberales dicen el gobierno es mejor cuando es grande.

Esta ha sido una diferencia de opinión y filosofía a través de los años, especialmente entre el Presidente Obama y los republicanos. Lo vimos en la batalla de los impuestos, del estado financiero del gobierno, y en particular, la batalla acerca del cuidado de la salud. En el futuro habrá muchas batallas sobre la mismas cosas entre los Republicanos y el Presidente Obama y otros políticos democrátas en el congreso y particularmente, el hombre o la mujer en la casa blanca.

Es preciso reconocer que los desastres son parte de las condiciones climáticas del mundo. Es imposible determinar cuando ocurrirá un desastre. Cuando pasa, siempre habrán muchas víctimas que tendrán muchas necesidades para recuperarse. El gobeirno del los Estados Unidos es el gobierno más rico del mundo. Es una responsabilidad del gobierno hacer más que otros gobiernos. El gobierno está en una posición dominante, es el líder de luz en la ayuda a la humanidad. Un desastre es la oportunidad para poner el ejemplo de su país, por la humanidad.

Los problemas y las posibilidades del Papa

The elevation to the Papacy of Pope Francis seemed to signal a new direction for the Catholic Church. His outspoken attacks, on wealth, greed, and his championing of the poor as well as his cautious statements about tolerance toward gays and the role of women fueled even more hope of change. How real is the hope? In this essay, I look at the problems and possibilities of the Church and the Pope's role in making change.

La selección de un Papa nuevo el 13 de marzo del 2013, tomó muy poco tiempo. Es la primera vez que un latino recibe la posición de Sumo Pontífice en la iglesia. Fue un gran momento para los latinos y muchas las personas del mundo. El Papa se ha movido pronto para hacer los cambios en los métodos de la administración de la iglesia. El gran cambio ha sido el método de trabajar con el pobre.

El Papa tuvo mucha experiencia con el pobre en su país, Argentina. Visitaba a menudo los barrios pobres de la capital y otras partes del país. Pasaba mucho tiempo escuchando los problemas y las necesidades de la gente pobre. Fue un buen sentimiento y esto tuvo un gran efecto en la gente pobre. Esto es muy importante, porque hay mucha gente católica que es pobre. Éstos han padecido muchos problemas y sufrimientos desde el pasado hasta la actualidad. Sin embargo mantienen una gran lealtad con la iglesia y dejan sus esperanzas en la fé.

Ya hemos visto que el Papa ha tenido un gran impacto con la gente de otros países ya que se le ha nombrado el Papa del año en la revista "The Times". Sin embargo aún no sabemos si su relación con otros sacerdotes y obispos en el Vaticano será igual de positiva como con mucha de la gente que lo sigue. En el pasado el Papa acostumbraba a tener muchos privilegios en base a su posición y ahora hemos observado cambios grandes en este sentido. El Papa Francisco se presenta y se viste muy humilde y aún a veces maneja su propio carro, paga sus cuentas en el hotel y prefiere vivir en cuartos sin ostentocidad.

El Papa, posiblemente solicitará dar mucho más dinero para ayudar al pobre. El Vaticano es muy rico. La cuestión aquí es, si la iglesia podría renunciar a algunos de sus privilegios para esta causa. ¿Qué pasará con los problemas de la filosofía sobre el aborto, el papel de las mujeres, la posición con respeto a la homosexualidad, y como se acabará con los sacerdotes pedeastas? ¿Cambiarán aún más estos métodos protocolarios con el clero en general y se modernizarán algunos reglamentos de la iglesia?

Por otro lado, el Papa ya ha recibido algunas críticas de otros lugares. Algunas personas sienten que el Papa ha estado usando los medios de comunicación solamente como una oportunidad para dar la impresión de que el Vaticano está en un proceso de cambio cuando en realidad no hay ningún cambio. Es como si fuera una imagen fotográfica, sin cambio. En otras palabras piensan que el Papa no es sincero sobre estos cambios. Es una mentira distorcionada. La realidad es que los cambios tomarán mucho tiempo. Es preciso recordar que éste es un proceso largo para cambiar las tradiciones antiguas de esta institución del Vaticano y de la Iglesia Católica.

Estos temas han sido la causa de mucho conflicto entre una parte de la gente católica y el Vaticano. El Papa ha escrito sofisticádamente sobre la misión de la iglesia de cerrar la distancia entre el rico y el pobre en el mundo. Esto demuestra que manda un mensaje fuerte al mundo dando a entender que vendrán cambios en el presente y en el futuro. ¡Eso es bueno!

Pero el Papa tiene que cambiar las enseñanzas de la iglesia sobre el tema de la homosexualidad, el papel de las mujeres, y el aborto, para que la iglesia pueda entrar a la edad moderna y se gane el respeto de la mayoría de la gente católica. Posiblemente, el Papa recibirá mucha resistencia por parte de algunos cardenales, obispos y otros sacerdotes de la iglesia. No les gusta cambiar. Ellos representan el estado antiguo. Tomará mucho tiempo hacer el cambio. Pero el futuro de la Iglesia Católica ya está en la línea.

Matrimonios homosexuales en Uruguay y en otros paises

The battle over legalizing same sex marriage has been ferocious in the U.S. But that hasn't been the case in other countries. Surprisingly one of them is Uruguay which legalized same sex marriage in 2013.

In this essay, I examine the battle over gay marriage, the role of churches, political parties, and evolving public attitudes in the US and elsewhere toward same sex marriage.

El 26 de agosto de 2013 sucedió un gran hecho en Uruguay: el gobierno pasó una ley y legalizó el matrimonio de dos personas del mismo sexo.

Algunos países en Suramérica permiteron que los homosexuales se casen, pero aún muy difícil para la mayoría de la gente aceptar el matrimonio entre personas del mismo sexo. Pero el problema en realidad es la Iglesia Católica. La religión del continente es principalmente católica. Entones, por muchos siglos la Iglesia ha prohibido las relaciones sexuales entre dos hombres o entre dos mujeres y considera que el matrimonio es un acto sagrado que se da solamente entre los hombres y un hombre y una mujer. La Iglesia considera que el matrimonio entre personas del mismo sexo es una grave violación de la ley de Dios. También, algunos pasajes en la Biblia dicen que es pecado queun hombre tenga sexo con otro hombre. Entonces, esto es un reto a la fe y a las creencias de las personas. Es muy difícil que las personas a cambien su forma de pensar sobre la sexualidad.

Hay otro aspecto por el cual hay una gran resistencia a cambiar: Esa es los niños. Muchas sociedades sostienen que la principal razón por la cual las relaciones sexuales deben hacerse solo entre una mujer y un hombre es la procreación de niños. Como la procreación entre dos personas del mismo sexo es imposible, entonces el matrimonio entre hombre Y mujer es una necesidad pragmática. Ante ello, durante mucho tiempo la gente no tuvo otra opción que obedecer.

Es muy interesante ver que en la historia los hombres han tenido relaciones sexuales con otros hombres, como en Roma o Grecia, lugares donde en la Antigüedad la homosexualidad se consideraba como un acto natural entre los hombres. La sociedad no castigaba a los hombres por eso acto. En otras sociedades era igual. Aun en Inglaterra, Francia, Alemania y países de Europa oriental la situación era la misma. Fue la intervención de la Iglesia la que llevó a cambiar la posición sobre el sexo y sobre la homosexualidad.

Sin embargo, los cambios se han manifestado en el pensamiento de mucha gente sobre el matrimonio y ahora las personas pueden pesar en forma diferente de como lo hacen los sacerdotes. El Vaticano aun no cambia su forma de enseñar acerca del matrimonio. Pero el gobierno de Uruguay no esperó a que la Iglesia cambiara antes de tomar acciones al respecto. Así el gobierno uruguayo mandó un mensaje: los tiempos están cambiando no solamente en ese país sino en otros lugares, lo cual incluye más estados en los Estados Unidos que han tomado acciones y han legalizado matrimonio del mismo sexo.

El derecho al matrimonio nunca se ha prohibido por la ley, pues es un derecho entre las personas, es un derecho civil como con los negros. En el futuro habrá muchos cambios en las leyes y en elpensamiento de la gente sobre el matrimonio. No habrá prohibiciones en el matrimonio.

Uruguay muestra el futuro del matrimonio de personas del mismo sexo. Finalmente, hay muchas cosas lo que a los católicos no les gustan, pero no por eso tienen la razón. Los católicos han manipulado la justicia para impedir que las personas tengan el derecho de elegir en sus vidas. Tenga que cambiar adentro la Iglesia para sobrevir de la Iglesia.

la Guerra de los Republicanos contra el Presidente Obama

The open war Republicans have waged against President Obama has been constant during every moment of his administration. The issues they have opposed him on are well known: the budget, the debt limit, health care taxes, immigration, and his appointments. This has split the nation even further. In this essay, I discuss the economic and political devastation the GOP has wreaked and sown with their just say no to Obama. I also look at the role race has played in their assault on the President.

Los republicanos han gastado mucho tiempo y energía oponiéndose a las políticas y programas del Presidente Obama. Ellos están determinados a destruir la administración. Ha sido el objetivo primordial del partido. Las razones son muy sencillas. Primera, en los Estados Unidos hay una larga historia de lucha entre los partidos de la oposición. El significado de ésto, para los partidos es mantener oposición para incrementar sus números votos y su poder para crear los reglamentos y para controlar las operaciones del gobierno y del estado.

Segunda, hay dos tipos de filosofías gubernamentales en este país. Una es la filosofía del conservador y la otra la de los liberales. Es la diferencia fundamental en el país.

Tercera, aparte del partido republicano hay muchas personas a quienes no le gusta el presidente únicamente por su color. En otras palabras es racismo. El presidente es un hombre negro. Por ésto, es un motivo de odio racial por parte de algunas personas blancas. El racismo en la entera historia de los Estados Unidos ha sido el principal problema entre los negros y los blancos. Todos los presidentes del país han sido blancos. Romper con esa tradición fue un gran tormento para muchos blancos. Para los republicanos esto es la gran razon para hacer crecer su partido. Ellos están en total oposición al presidente. Otra vez, es una cuestión de color. La guerra contra el presidente ha sido constante desde que ocupó la presidencia.

En la historia los Estados Unidos, los partidas siempre han sido un conflicto. No importa, cual partido. Siempre, ha sido una cuestión de poder y filosofía. Pero la diferencia en días pasados fueron los partidos en el congreso y durante el tiempo de crisis trabajaron en conjunto para resolver los problemas y eventualmente finalmente para presentar las leyes de importancia para beneficiar a la gente. Pero, ahora los republicanos tienen un objetivo diferente. Creen que las políticas son más importantes que gobernamental efectivo. Parece que el problema no tendra fin en el futuro. Las gentes son las víctimas.

Sin embargo, los republicanos han luchado contra el plan de salud, las reformas en impuestos, el sistema financiero, la educación, y los derechos civiles. En cada oportunidad, los republicanos tomaron su oposición dentro del congreso. El partido detenía muchas leyes que presentaba el presidente y el partido demócratica en el congreso, para prevenir la aprobación de una ley. Pasaron mucho tiempo exclamando altamente gritando su oposición a la aprobación de cualquier ley del presidente. Es triste que el país tenga que sufrir solamente por causa de la acción de los Republicanos. El presidente dijo que el fin es mejorar las cosas para la gente. Ha sido imposible sin la cooperación de los republicanos y con la oposición (abierta) de sus programas.

Entonces, no importa el mensaje del presidente. Para los republicanos su unico objectivo es hacer ver al presidente como alguien que comete muchos errores y muchas faltas. Así en la espera de la próxima elección, el partido se beneficiaría de los errores del presidente. Y los conservadores ganarán muchas posiciones más en el congreso. Desarrollaran su poder aún más y al mismo tiempo debilitarán al Presidente y al Partido Demócrata.

Al final, la gente no tendra otra opcion que proclamar una lucha contra toda fuerza de obstruccion para lograr leyes y reglamentos justos.

La necesidad de restricciones en el uso de las pistolas

The carnage from gun violence has torn many families and communities and left countless victims in its wake. Yet, the fight to get tougher federal gun laws has gone nowhere. The reason is two fold: the power of the NRA and the mindset of millions of gun owners that gun bans are an assault on freedom. In this essay, I look at both sides and tell where we must go from here to halt the carnage.

Es necesario que tengamos más restricciones en el uso de las pistolas en este país. Hemos observado muchas veces un número de tragedias en las cuales la gente ha sido víctima de la violencia causada por las pistolas. Los nombres son familiares e incluyen Newtown, Aurora, Virginia Tech, Washington D.C, y en otras ciudades: secundarias, colegios, los centros comerciales, y también otros lugares del país. Después de los horrores, el presidente, los miembros del congreso, y muchos funcionarios gritaban sobre la necesidad de crear leyes estrictas para controlar la compra y venta de pistolas, especialmente las de destruccíon masiva. La mayoría de ese tipo son las armas automáticas.

Pero hay un gran problema con la oposición de la organización llamada, NRA. Tiene mucho dinero, mucho poder, particularmente en el congreso, y también tiene mucha influencia en el país. Los miembros de la organización demandarán que el congreso no tome una acción que limite la venta de las pistolas. Cada vez el congreso ha capitulado (se ha cruzado de brazos) a las demandas de los miembros de esa organización. La organización se la ha puesto muy difícil a el Presidente Obama para que mueva a algunos miembros del partido demócrata a que tomen acción en el Congreso para pasar la ley que controle la venta de armas.

El NRA prefiere tener restricciones mínimas en el uso de las pistolas. Dicen que cualquier ley que controle las armas automáticas es una violacíon al derecho de la gente que use las pistolas para sus proteccion y para defender sus casas, sus negocios, y su familia contra ataques pandilleriles y de criminales. Es una posición muy podera y popular con la mitad de la población en este país. También el NRA declara que la Constitución de los Estados Unidos apoya el derecho a los dueños de las pistolas a portar las armas sin restricciones. Es muy difícil derrotar esas razones.

Es perturbador que, la falta de cambios en la ley para restricciones mas estrictas en la venta de armas provocara en verdad más asesinatos en los Estados Unidos. A menudo, las víctimas son inocentes. La prensa publicará artículos sobre los asesinatos y muchos políticos protestáran sobre los asesinatos y después será un negocio como en el pasado.

Sin embargo, hay un movimiento en aumento para poner más restricciones en el uso de las armas. Esta ayudando a las víctiminas de la violencia, y a los oficiales en algunos estados del país. El moviemiento ha triunfado en algunos lugares. En el futuro dicho movimiento cambiará las leyes contra el uso de las pistolas y se fortalecerá más su postura. Y con el tiempo habrá un cambios en el congreso y veremos nuevas restricciones en el uso de las armas automáticas.

Mientras, es muy importante para el partido democrata y para el Presidente Obama de mantener la lucha para el cambio. Estos tienen el importante papel de discutir con la gente la necesidad de exigir reglamentos estrictos. Finalmente, es una cuestión de salvar vidas y de evitar más horrores como el caso de Newtown.

El triunfo del plan de salud

The Affordable Care Act--Obamacare-- was the single biggest attack point against President Obama by the GOP in 2013. It figures to be the same in 2014. The questions are many: Will it hurt the president and Democrats, boost the GOP, be a drag or a lifesaver for the nation? And most importantly what about the crushing health care needs of millions of underinsured and uninsured Americans? In this essay, I look at the war over the Act and its implications for the President and the nation.

El plan de salud del Presidente Obama es un plan que la gente ha necesitado por muchos años. Es importante que uno recuerde que la mayoría de la gente pobre en los Estados Unidos no había tenido nunca una aseguranza. Entonces hubo un gran problema con muchas enfermedades, las herencias, y los accidentes. La mayoría de la gente nunca recibió ningún cuidado. Tuvimos la situación de que muchas personas tenian que depender de los hospitales públicos para el cuidado de su salud, pero la mayoría de los hospitales ofrecieron un servicio inferior.

Eso, especilamente perjudicó a los niños. Ellos necesitan un gran cuidado. Por al motivo, el Presidente Obama determinó tener un plan para proteger a la mayoría de la gente sin aseguranza. Dicho plan produjo otro problema. A los republicanos no les gusta un plan de salud creado por el presidente. Las razones para su oposición fueron el costo. Segun ellos, ésto fue una violación del derecho de tener una aseguranza privada. Pero al fin, la mayoría de la población está contenta con sus planes de salud. A menudo, los republicanos le dan la razón a la gente. Pero realmente, la razón de su oposición es que el Presidente Obama ofreció el plan. Los republicanos se la han pasado mucho tiempo en oposición a cualquier programa del presidente. La aseguranza no fue diferente. Los republicanos y los conservadores lo llaman el plan de la medicina socialista. Fue una posición poderamente que mucha gente se creyó.

Comenzaron una acción en el congreso, en los Estados, y con las compañías de aseguranza parar que se llevara el plan hasta el congreso. Pero, al final fue difícil derrotar el plan. También, era tiempo para prevenir un plan de salud para todas las personas. La aseguranza no es algo para el rico en este país. En efecto, hemos establecido dos tipos de categorías para que las personas tengan derecho a una aseguranza. Esas son las personsas con dinero y las personas sin dinero. A la misma vez, el precio de la aseguranza continuó a alcanzar incrementándose. Se creó una crisis en el cuidado médico de este país y aún más terrible para la mayoría de la gente. Eso no le importa a los Republicanos.

En todos los paises del mundo occidental, la aseguranza es un derecho. No es un privilegio. Los Estados Unidos es la única excepción. Pero, tener aseguranza como derecho tenemos que alcanzar la gente hacer el país más seguro para reducir el riesgo de muertes, cubrir la salud de la toda la gente, y particularmente cubrir las enfermedades crónicas de los niños.

Los conservadores continuarán atacando el plan de salud. A veces el plan tendrá problemas con la implementación. También, continuára siendo un punto de contención política de los Republicanos para ganar votos durante las elecciones. Sin embargo, la legacia del Presidente Obama se elevára en el transcurso de los años debido a su determinación de crear un plan de salud que hace una realidad para todas las personas en este país. No importa, si una persona tiene dinero o si no lo tiene.

Finalmente, los políticos tienen la obligación de hacer todo lo posible para ofrecer un plan disponible para la gente y eso quiere decir que debe haber una responsibilidad de informar y educar a la gente sobre el plan en todos estados.

Lo cosa importante es que el plan de salud es la ley de la nación y continuará siendo la ley por muchos años.

El cinuenta aniversario del asesinato de JFK

In November, 2013, America commemorated the 50th anniversary of the assassination of President John F. Kennedy. It was a time of remembrance, reflection and tribute. In this essay, I go further and examine one of the two singular accomplishments of the Kennedy administration. That was the introduction of the 1964 Civil Rights Act and it's still monumental impact on race relations in America today.

El 22 de noviembre del 2013 fue el cincuenta aniversario del asesinato del Presidente John F. Kennedy. Fue una ocasión de tristeza monumental para la gente de este país y del mundo entero. El presidente hizo muchas cosas para lograr la paz del mundo en ocasión del conflicto de la vieja Rusia. Hubo una crisis que involucró los misiles. Hubo la posibilidad de la destrucción del mundo con una guerra nuclear. El problema fue Cuba. Los rusos querían los misiles en dicho país. Las tensiones entre los Estados Unidos, Rusia y Cuba fueron elevadas. No fue una cuestión solamente de la paz y de la guerra por la filosofía del capitalismo y del comunismo entre ambas sociedades. También, la isla estaba a noventa millas de este país. Los misiles estaban en un lugar muy cercano. El gobierno de los Estados Unidos no podía permitirlo. Esto hizo que la situación para la gente de ambos países fuera muy peligrosa. Pero, Kennedy evitó la crisis por las vías diplomáticas.

Pero la otra parte del legado del Presidente Kennedy fue su contribución para elevar los derechos civiles de los negros en este país. Gracias a él se hizo posible que pasaran las leyes que permitieran a los alumnos de color asistir a cualquier escuelas sin prohibiciones. Antes de esta ley se les estaban cerradas las oportunidades en educación, uso de servicios públicos, y el derecho de votar para los negros en muchas partes del país. El presidente introdujo una ley para que cesara la discriminación desde su raíz. Se llamó el proyecto de ley de "derechos civiles". Hubo una gran lucha sobre este proyecto. A muchos políticos demócratas no les gusta dicho proyecto solamente a causa de su racismo. Y también a algunos republicanos no les gusta el proyecto, una vez más, por racismo. Tristemente, la muerte del Presidente Kennedy hizo que el congreso pasara finalmente este proyecto de ley.

Sin embargo, terminó la discriminación total para mucha gente en el país. Después de la aprobación del proyecto, en la nación hubo muchos incidentes de discriminación en la venta de casas, en empleos, en las admisiones a las universidades, y en el sistema criminal. Hay que cambiar esos problemas en el presente.

Esta es la razón por la que necesitamos de mantener la vigilancia para proteger los derechos del presente y del futuro. Los reaccionarios quieren terminar los derechos sobre el voto, la educación; particularmente en el ámbito de acción afirmativa, y con el empleo.

A veces han habido ataques de violencia contra las personas de color; estos se llaman "los crimenes de odio," y han habido ataques contra las mujeres lesbianas, y los homosexuales por ser del mismo sexo. Hemos observado incidentes donde se escriben palabras ofensivas en las paredes y en otros sitios. En vez de cortesías, hubo pullas.

Pero, la labor de Kennedy no está terminada. Siempre que el racismo sea una realidad en este país habrá problemas desde sus raíces. Lo bueno sería que a menudo hubiera una ley que

protegiera a la gente. Ya hay una prohibición oficial contra la discriminación. Hagamos un homenaje a la memoria del Presidente Kennedy por su acción y su visión duradera.

La verdad sobre Mandela

In December, 2013, human rights icon Nelson Mandela died. His life was the complete package: inspirational, controversial, tragic, and triumphant. He was the model of statesmanship and grace despite his suffering years of imprisonment, and struggle against one of the world's most racist, repressive regimes.

In this essay, though, I look at that as well as a disturbing truth about Mandela. That is the deep ambivalence and even hostility of the U.S. government for decades toward Mandela and the black struggle for freedom in South Africa.

¿Cuál es la verdad sobre Nelson Mandela? Hace cincuenta años Mandela fue para la mayoría de los conservadores en los Estados Unidos un terrorista y comunista. También, Mandela fue oficialmente etiquetado como un terrorista por el gobierno. Con el pasaje del tiempo no se había dado ningún cambio en el estado de Mandela. La etiqueta de que Mandela era terrorista había continuado. Entonces hubo un gran movimiento en este país por un cambio en el estado de Mandela. El gobierno puso gran presión para cambiarlo.

El problema fue dos cosas: La oposición al cambio vino por parte de los republicanos y del gobierno de Sudáfrica. El gobierno de Sudáfrica praticaba el Apartheid. El poder fue exclusivamente para los hombres blancos. Fue la ley del estado. El racismo contra los negros en el país fue institucionalizado. Los negros no tenían derechos. La mayoría de los gobiernos y la gente en el mundo castigó al gobierno de Sudáfrica por sus políticas contra los negros. Sin embargo, el gobierno de los Estados Unidos le vendía las armas al gobierno. También, el gobierno ayudó a hacer la guerra contra esos grupos de luchas por la libertad. Era imposible tener un diálogo con el gobierno de Sudáfrica y los Estados Unidos sobre la terminación de la guerra.

El cambio empezó cuando los negociantes, las industrias, los fondos para pensiones y las universidades cambiaron las políticas de inversión de fondos. Cuando estas instituciones le quitaron el dinero a Sudáfrica hubo un gran impacto. La demanda fue no recoger el gobierno, sino que en cambio la demanda fue aceptar las organizaciones en Sudáfrica que representaran los intereses de los negros y de otras personas en su lucha contra el Apartheid.

Es así que, Mandela fue el símbolo de la lucha por la libertad contra el racismo y la justicia en el país. También, el régimen del Presidente Ronald Reagan continuó la oposición contra Mandela y su organización, el ANC.

Reagan no quería cambiar la ley ni terminar relaciones con el gobierno racista de Sudáfrica. Pero muchas personas continuaban sus protestas contra el gobierno racista. Después de diez años Mandela ganó la presidencia del país. Pero aún para los oficiales del gobierno de los Estados Unidos se le llamaba terrorista y comunista. Año trás año la administración del Presidente George Bush, finalmente quitó a Mandela de la lista de las personas y organizaciones bajo la etiqueta de terorista.

La historia de las relaciones entre el gobierno de los Estados Unidos y Sudáfrica en un tiempo fue encubrimiento. Ahora la historia es presentaba como una historia de progreso y reconocimiento de la importancia de Mandela. El hombre de repente se volvió un héroe, una figura de gran estatura para el gobierno.

El problema es que el mensaje de Mandela ha cambiado y los jovenes no han tenido la oportunidad de saber la verdad sobre la deshonrosa manera que el gobierno trató a Mandela. Después de su muerte los oficiales alabaron a Mandela oficialmente por el país. Es bueno. Pero, también necesitabamos saber la historia completa de Mandela; el bueno y el malo. Cuando un gobierno deforma la historia de una persona como Mandela, la gente ha perdida

El significado del apreton de manos del Presidente Obama con Fidel

The U.S. has been engaged in one of the longest low intensity wars against a nation in modern times. The nation is Cuba. The calls to normalize relations with Havana have so far been drowned out by the implacable hostility of conservatives to normalization.

At the funeral of Mandela in December 2013, President Obama committed what some called heresy by shaking hands with Cuban Premier Raul Castro. In this essay, I examine the on-going battle over normalization and ask and answer the question: Was the handshake just symbolism or does it hold much more promise for the future of U.S.-Cuba relations?

Los conservadores en los Estados Unidos se volvieron locos después de que el presidente le dió un apretón de manos a Raul Castro. El presidente Obama sabe que este es el momento para terminar las hostilidades entre Cuba y este país. Es mejor para la gente de Cuba y de muchas personas de aquí, por la misma razón. Pero es aún más importante empezar relaciones normales entre los gobiernos de ambos paises.

He vistado Cuba. Y durante el tiempo que estuve en ese país pude observar las condiciones económicas de vida de la gente en ese país. Hay mucha pobreza y deterioro en el nivel de vida. Los edificios, los coches, las casas están en una condición deplorable. Es el efecto de un embargo de los materiales, la industria, el negocio y de los fondos de los Estados Unidos. Es una violación criminal establecer comercio con el gobierno. Es aún ilegal que los turistas de los Estados Unidos visiten dicho país. Durante la administración de George W. Bush, por un corto tiempo el gobierno suspendió parcialmente la restricción de viajes a Cuba, especialmente para las personas con parientes en ese país. Pero cambió pronto. Sin embargo, sería de gran ayuda para la gente alcanzar a reanudar las relaciones normales con la isla. La mayoría de la población de Cuba no tiene hostilidad contra la gente de los Estados Unidos. En realidad muchas personas de Cuba critican su gobierno. Quieren terminar con la pobreza y las desigualdades de la economía del país y quieren libertad de expresión.

Pero, aquí están los problemas. Primero, hay gran oposición de los inmigrantes de Cuba en los Estados Unidos. Los inmigrantes son políticas poderosas. Hay muchos miembros en el congreso que tienen miedo de sus políticas poderosas. Entonces, no votáran por ninguna ley para hacer más fácil la reanudación de las relaciones normales con la isla.

Segunda, los inmigrantes y la prensa americana tienen oposición contra Cuba solamente por causa de Castro. Para ellos este hombre es un dictador y un comunista. El hombre es ofensivo para la mayoría de los inmigrantes y para los conservadores en este país.

Tercera, los conservadores están esperando un cambio en el gobierno de Cuba después de que Castro muera y de que su hermano salga del gobierno. Esperan por un gobierno diferente. Un gobierno sin comunistas, que es democrático, y un gobierno dedicado a los principios de negocio libre. ¡Quizás o quizás no! En el presente la gente de Cuba en su mayoría aparentemente apoya el gobierno. No hay posibilidad de que haya un cambio en el estado del gobierno.

También, el Presidente Obama no logrará hacer un gran cambio con un apretón de manos con Castro. Fue sólo un símbolo y nada más. Pero en los años venideros, una nueva generación en los Estados Unidos y en Cuba hará cambios dramáticos en las relaciones entre los dos países.

Habrá relaciones diplomáticas con el país y un comercio normal.

El punto es que Cuba es un país que se ubica en una parte del hemisferio americano y tiene todos los derechos como otro países en el hemisfero. No hay razón, para que un país como es el caso de los Estados Unidos, de decir como otros países puedan conducir sus relaciones con

otros paises. Otra vez, el cambio llegará entre Cuba y los
Estados Unidos.

El aborto es un derecho de todas las mujeres

The fight over abortion rights is far from over. There have been continual challenges and setbacks in court rulings and the actions of state legislatures that show that a woman's right to choose is not an iron clad right.

In this essay, I examine the pros and cons of the abortion battles and what the future might hold in those battles.

Desde que el tribunal supremo declaró el derecho de las mujeres de tener un aborto; hasta ahora ha sido una oposición furiosa a ese derecho. La mayoría de la oposición ha venido por parte de los conservadores, los evangelistas, y los republicanos. Se dice que una mujer no tiene el derecho al aborto sin restricciones. Algunos conservadores dicen que una mujer no tiene el derecho bajo ninguna circunstancia. Cuando el tribunal supremo afirmó la decisión de dar el derecho al aborto, parecía la decisión segura.

Pero no es el caso. Por muchos años los adversarios del aborto tuvieron que hacer peticiones, retos en muchos tribunales, y han realizado protestas en las calles contra el aborto. En unos casos tienen que obtener las victorias en algunos tribunales. Principalmente, la victoria fue limitarles el derecho de aborto a las mujeres.

Pero, la batalla sobre el aborto ha alcanzado un nivel diferente. Muchas mujeres tomáran acciones porque es necesario proteger su derecho. El movimiento de las mujeres es una gran causa para los derechos civiles. También, es un gran movimiento la oposición contra los reaccionarios.

Es muy importante que se tome acción en oposición contra estas razones. El cuerpo de las mujeres es el cuerpo de las mujeres. No hombre, no tribunal, no institución tiene el derecho a obligarle a una mujer a recibir órdenes sobre su propio cuerpo. Ni la biblia, ni ningún otro libro tiene el derecho de ordenarle a la mujer que no tiene el derecho al aborto. Aún unos sacerdotes han declarado que es un pecado tener un aborto. Usualmente, y nisiquiera por lo menos tomáran ninguna acción para ayudar o cuidar a las mujeres que quedan embarazadas.

No les ayudáran. Quiere decir que las mujeres sufrirán en la pobreza y no tendrán las oportunidades de mejorar ni sus vidas ni las de sus hijos. Hemos observado demasiados casos de mujeres sufriendo terriblemente a causa de la existencia de pocas agencias privadas con fondos insuficientes para apoyar a las madres de los niños sin padres y que son pobres.

El estado tiene que gastar mucho dinero para ayudar a las madres de los hijos bajo estas circunstancias. Es un gran peso para el bienestar del estado, y la gente tiene que pagar más impuestos para ayudar a las madres sin esposos y a sus hijos. Bueno, la iglesia católica especialmente dice que las madres solteras son responsables si tienen hijos sin estar casadas. Es un pecado.

Al final, es importante que una sociedad alcance un nivel donde el respeto hacia las mujeres ocupe el primer plano. Primordialmente, las mujeres ocupan el primer plano al frente de los negocios. Es la verdadera manera de juzgar el valor de una sociedad através de la manera de tratar a las mujeres. Respecto al derecho de las mujeres de tener un aborto sin restricciones, el tiempo nos dará un criterio para evaluar si una sociedad es verdaderamente justa y si es una sociedad que progresa en elevar el rango de las mujeres al mismo nivel que el de los hombres.

En realidad un aborto es solamente una cuestión de los derechos civiles.

Earl Ofari Hutchinson

Earl Ofari Hutchinson is an author and political analyst. He is a frequent MSNBC contributor. He is an associate editor of New America Media. He is a weekly co-host of the Al Sharpton Show on American Urban Radio Network. He is the host of the weekly Hutchinson Report on KTYM 1460 AM Radio Los Angeles and KPFK-Radio and the Pacifica Network.

Follow Earl Ofari Hutchinson

Twitter – http://twitter.com/earlhutchinson

Facebook - https://www.facebook.com/pages/The-Hutchinson-Report-Newsmaker-Hour/190607147629621

The Hutchinson Report Website - http://thehutchinsonreportnews.com/

www.ingramcontent.com/pod-product-compliance
Lightning Source LLC
Chambersburg PA
CBHW061801280526
45787CB00003BA/1436